Ensaios sobre a Pandemia

Do Negacionismo ao Futuro do Brasil

RENATO MENDES

ISBN: 9798664223231

"Apesar de você
Amanhã há de ser
Outro dia"

Chico Buarque

Sumário

PREFÁCIO

Esta pequena reunião de ideias tem o objetivo de proporcionar questionamentos críticos acerca da realidade brasileira fronte a trágica calamidade pandêmica em que vivemos no momento em que escrevo estas palavras, meados de julho de 2020.

 Ao caro leitor, informo que demarquei os temas propostos por mim em capítulos. Mesmo que separados, são temas inteiramente interligados ao passo que juntos, ditam nossas vidas e a sociedade. No caso de críticas e/ou sugestões, entre em contato pelo Instagram @renatomf1 ou pelo e-mail renatootaner321@hotmail.com

INTRODUÇÃO

E la chegou. Não há dúvidas. A Pandemia de Corona vírus veio como um terremoto e a quase totalidade das pessoas não a esperava, exceto os "sismógrafos", nesse caso, os cientistas que já alertavam o mundo para eventuais desastres do tipo. Triste resultado de um descrédito com a ciência que acumulado a governos negacionistas procederam milhares de vítimas em vários países.

Negacionismo. Essa foi e continua sendo a resposta institucional brasileira à Covid-19, doença que assola o mundo desde o início do ano e pretende continuar infectando seres humanos até que uma vacina eficiente surja.

Em 2002, o vírus da síndrome respiratória aguda grave (SARS) apareceu na China e espalhou-se por alguns países, mas foi rapidamente contida, resultando em apenas alguns milhares de casos. Em 2012, a síndrome respiratória do Oriente Médio (MERS) teve o mesmo destino, se iniciando na Arábia Saudita e espalhando-se apenas pelo Oriente Médio.[1] Os dois surtos ocorreram em regiões de densidade populacional considerável, mas com populações adeptas ao uso de máscaras de proteção e governos responsáveis, aplicando medidas eficientes contra a disseminação viral.

Mas então, se inicia o ano de 2020. Uma nova década emerge no século das revoluções digitais. Vemos progressivamente as mudanças chegarem às massas. A energia levou séculos para esse feito. Para a internet, foram necessárias décadas. Agora, os celulares como conhecemos hoje chegaram às mãos de bilhões em pouco mais de uma década.

O termo "advento" se tornou clichê, à medida que nos acostumamos às rápidas mudanças em vários ramos, não só da tecnologia, mas do conhecimento humano em geral. Nessa perspectiva, o conhecimento científico deveria ser mais difundido e apreciado. Pois em tempos como esse, em que apenas a Ciência possui respostas e soluções, o anticientificismo causa muitos problemas para toda uma sociedade.

A medicina é o melhor exemplo, desde a ascensão dos ideais iluministas e humanistas na Europa do século XVII, a arte de tratar dos necessitados evoluiu como nunca, partindo de mutilações de pacientes em ambientes sem nenhum apreço pela higiene, chegando até a invenção da anestesia e dos antibióticos.

Avançando para os dias atuais, com a chegada do 5G, a telemedicina se torna paulatinamente mais provável. Com mais especializações e avanços, um médico em um hospital qualquer do interior de São Paulo pode operar uma cirurgia de um coitado no Burundi, um pequeno país no centro da África. Utilizando-se da alta velocidade de transmissão de dados que a rede 5G suporta, ele poderia operar em tempo real alguma espécie de mão virtual para ele, inclusive com sensibilidade no tato, e mecânica para o paciente.

Dessa forma, com o uso de novas tecnologias e conhecimentos despertados por elas, conseguimos dar respostas quase impossíveis décadas atrás. Podemos ver a velocidade em que os surtos anteriores de síndromes respiratórias transformaram totalmente os sistemas de saúde dos países atingidos e quais formas de contenção, bem-sucedidas, foram criadas para dar resposta a futuros possíveis surtos.

Como citado, a humanidade vestiu branco e com o pé direito iniciou o ano de 2020. Seria como qualquer outro, com furacões, tsunamis, terremotos, erupções, gafanhotos, guerras, genocídios e discursos de ódio contra minorias e outros seres humanos considerados inferiores, seja por qual for o motivo que convém às classes dominantes. Mas então, começa a Pandemia. Lá pela terceira ou quarta semana de janeiro, alguns noticiários dedicavam segundos de sua edição para alertar que um certo vírus, ainda desconhecido na China, estava causando uma pneumonia anormal em alguns indivíduos. Não era algo que importasse, afinal, essas "doenças estrangeiras" sempre importunavam os "asiáticos e africanos".

O empresário na Avenida Faria Lima em São Paulo pouco se comove com esse tipo de acontecimento, são fatos que só chegam a seus ouvidos se, de alguma forma, a bolsa for afetada. O mesmo ocorre para o pequeno comerciante, que com a crise, o desemprego e a falta de perspectiva de políticas econômicas por parte do governo, apenas foca em seu trabalho e família. Por último, e sim, menos importantes socialmente para às elites, temos as classes mais baixas, que desde o nascimento apenas vivem para sobreviver. Acordam pensando em como alimentar os filhos no decorrer do dia e dormem no chão para se proteger dos tiroteios diários que os circundam. Isso quando tem uma casa. E por isso não tem sequer noção do que seja um vírus.

Eis que fevereiro transpassa rapidamente, as aulas para as crianças já começavam, aliviando a maioria dos pais, e são paralisadas apenas pelo carnaval para retornarem no início de março. O noticiário dedica cada vez mais tempo para o já chamado Corona vírus, que já vinha afetando outros países: Coreia do Sul, Irã e Itália, além do país originário.

E então, no dia mais esperado do mês, o dia da apuração dos desfiles do Grupo Especial do Rio de Janeiro, a escola Viradouro passa a segunda colocada nos últimos quesitos e vira o jogo, fazendo valer seu nome. É sagrada campeã daquele ano e no mesmo dia, mais tarde, é declarado o primeiro caso confirmado do vírus misterioso no Brasil.

Ironicamente, chegando de avião com um empresário da Faria Lima, a doença viraria a vida de todos pelo avesso. Sem distinção de raça, religião ou renda. Mas é claro que, em um dos países mais desiguais do mundo, essa democracia imposta pelo vírus não seria tão igualitária assim.

SAÚDE PÚBLICA

SUS

No Brasil, mesmo que em algumas vezes defeituoso e largado pelos governantes, temos um sistema universal de saúde, o SUS. A constituição cidadã de 1988 prevê em seu artigo 196, atendimento gratuito a todos os brasileiros, em qualquer lugar do território e em qualquer fase de sua vida, desde o nascimento até o final de sua vida. Como dito em seu próprio site: "Engloba a atenção primária, média e alta complexidades, os serviços urgência e emergência, a atenção hospitalar, as ações e serviços das vigilâncias epidemiológica, sanitária e ambiental e assistência farmacêutica".[1]

 Antes de 88, eram atendidos pelo Estado, aqueles que tinham a "carteira assinada" e que contribuíam com a Previdência Social. Os demais sem emprego formal, deveriam pagar ao sistema privado ou se socorrer com as Santas Casas de Misericórdia.[2]

Ou seja, um grandioso avanço para um país latino-americano no final dos anos 80, prover acesso integral e universal para todos os seus habitantes. Ainda mais levando em conta o tamanho de sua população, algo em torno de 210 milhões, e extensão territorial, o quinto maior do mundo. Para efeito de comparação, o NHS, sistema de saúde universal do Reino Unido que foi base para o SUS, tem certas limitações e serve a uma população de pouco mais de 67 milhões de habitantes.[3]

Com um programa que é referência mundial no tratamento de HIV/AIDS, o SUS revolucionou a medicina brasileira, levando acesso à saúde desde as populações das favelas do Rio, até as de comunidades ribeirinhas do interior do Amazonas. Seja com a Estratégia de Saúde da Família, seja com o Sistema de Atendimento Móvel de Urgência, o SAMU, nosso sistema de saúde se destaca, e por isso deveria ser referência no combate à Covid-19.[4]

Resposta Brasileira

Mas infelizmente, essa não é a situação que vemos acontecer. Com o descaso proporcionado pelo Governo Federal, em uma série de erros e omissões propositais, o Estado desmereceu seu sistema de saúde.

É óbvio que, em governos de extrema-direita, autoritários, revisionistas e negacionistas, o anticientificismo também marcaria presença. E com a pandemia, só ficou mais claro o descaso com a vida de sua população, inclusive de seus eleitores.

Pode parecer uma série de desentendimentos ou desavenças, mas o que se sucedeu no Brasil após a Pandemia ser decretada pela OMS em meados de março, traçaria o destino de dezenas de milhares de brasileiros até agora, a morte.
Negando inicialmente o problema que já se alastrava pelas cidades mais populosas do País, o Chefe do Executivo deslegitimava as ações, ainda rasas de alguns governadores e de seu

Ministro da Saúde (que já não era uma indicação técnica, mas política, para obter apoio de certo partido político).

"Teste, teste, teste", essa foi a resposta da OMS para a maioria das perguntas feitas por jornalistas por bastante tempo, enquanto o vírus começava a ser um problema na Europa e a Itália iniciara um longo período de trevas, em que na região mais ao norte do País, a Lombardia, foi afetada gravemente. O número de casos pulou e se multiplicou em poucos dias. Em questão de semanas, imagens de hospitais lotados e profissionais de saúde arrasados foram compartilhadas em todo o mundo.

Foi quando surgiu um termo que ficou popularizado em pouco tempo, "lockdown", que no Brasil ganhou a boca de alguns como "tranca rua". Essa é a medida mais rigorosa tomada na Itália e em vários outros países após o surto se agravar, pois restringe completamente as "liberdades individuais" que os negacionistas tanto defendem. Dá o direito ao Estado multar quem estiver descumprindo a regra, fechando o comércio não essencial e obrigando a população a ficar em casa, a não ser que tenha motivos válidos para que não o faça.

Desse modo, o número de casos diários cairia até o ponto em que o de recuperados por dia fosse maior, encerrando a circulação interna daquele País/Região.

Funcionou em todos os lugares que foi utilizada, mas no Brasil até o meio do ano só houve em alguns estados, e parcialmente apenas.

Enquanto isso, a pressão popular e até política sobre o Presidente, fez seu projeto autoritário de poder ser ameaçado, pois quem nunca teve capacidade de realizar política nos planos da democracia, ou qualquer outra forma de diálogo, também não teria nenhuma capacidade de lidar com uma pandemia. Mesmo que quisesse.

Foi aí que começaram as convocações para manifestações antidemocráticas em Brasília a favor do Governo. No dia 15 de março foi a primeira delas, logo no dia seguinte houve a primeira morte confirmada.

As mortes no Brasil, então, começaram a acontecer e o número de casos alcançava as centenas. Pela falta de uma centralização em um gabinete de crise, o Governo Federal mais atrapalhou que ajudou, quando instigou guerras ideológicas com outros poderes e instituições na tentativa de mascarar sua incompetência. Aos Governadores de estados, sobrou a tarefa de lutar contra comerciantes e empresários na tentativa de aumentar ao máximo o isolamento, que nunca atingiu proporções válidas, brigarem por respiradores e insumos enviados por Brasília e serem constantemente acusados de irresponsabilidade pelo discurso genocida do bolsonarismo enquanto são investigados pela Polícia Federal por desvios na compra de respiradores caros, que pela lógica capitalista de falta/alta demanda, sobem os preços dos aparelhos.

Nesse período, dois Ministros da Saúde foram depostos por simplesmente irem contra à ordem superior de permitir o uso indiscriminado de medicamentos sem eficácia comprovada, com efeitos colaterais e um possível aumento de até 45% na mortalidade.[5] Além disso, o Presidente continua atentando contra a saúde pública ao instigar na televisão e em redes sociais a volta à normalidade, ao vetar a obrigatoriedade de máscaras em órgão públicos, comércios e templos e a nunca ceder às reivindicações dos brasileiros que prezam pela vida.[6]

Até o momento da escrita desse livro, o Brasil, país atrás apenas dos EUA em número de casos e óbitos, não possui um Ministro experiente para dirigir a pasta da Saúde, apenas um militar sem experiência alguma na saúde pública.

Enquanto os especialistas e a OMS faziam declarações contra aglomerações e a favor do distanciamento social, o Presidente Brasileiro viu aí a oportunidade de insuflar seus seguidores contra esses "comunistas" e "globalistas". Discurso pautado na pós-verdade, que o elegeu e será debatido em seguida.

PÓS-VERDADE

E leita palavra do ano em 2016, a pós-verdade é definida como o momento em que as pessoas passam a acreditar apenas em opiniões, e não mais em fatos concretos.[1] E é nesse momento em que a tecnologia e a diversificação dos meios de comunicação se misturam com a política e com o atual problema pandêmico do mundo.

A Morte da Verdade

Há muitos anos, a disseminação da internet e das redes sociais conectam sociedades inteiras, não possuindo apenas o papel retrógrado da TV, em que a informação tem uma via só. Agora, a mão dupla entre indivíduos permite rapidez na comunicação que nunca antes foi alcançada por rádios e correios. Foi com o MSN, o Orkut, o Facebook e agora o WhatsApp, que as massas foram penetrando e tendo mais acessibilidade nos meios digitais.

Com isso, o modo como as pessoas interagiam mudou completamente. Não é à toa que as chamadas de vídeo estão famosas como nunca no período de isolamento social. Festas de aniversário são comemoradas com toda a família na tela do celular, pessoas do grupo de risco conversam com seus parentes por várias horas, inclusive idosos, que com o distanciamento foram quase que obrigados a aprender a utilizar as mídias digitais.

Se você, caro leitor, tivesse uma máquina do tempo a sua disposição, não voltaria para dezembro e investiria tudo em plataformas de serviço de conferência remota, como o Zoom ou o Google Hangouts?

Nesse caminho, conseguimos enxergar como a rotina dos habitantes do século XXI anda a passos largos, no tocante a mudança veloz em seus hábitos diários, costumes e consequentemente, cultura.

Se há cinquenta anos atrás, estivéssemos em um pequeno apartamento do centro do Rio de

Janeiro, e em um dia qualquer, a encanação estivesse com problema: de duas, uma. Ou você detinha conhecimento suficiente para resolver aquela ocasião, ou deveria chamar um encanador experiente.

O mesmo para uma receita deliciosa que você pretende fazer para seu parceiro no dia dos namorados, ou esperava um programa de culinária no rádio, ou comprava alguma revista com instruções na banca de jornal para concluir seu objetivo.

No caso de tentar entender uma crise qualquer no Governo do estado, você, como um humilde cidadão que é, ou se informaria nos jornais ou perguntaria para um familiar ou vizinho com algum conhecimento acerca de política.

Hoje, a realidade parece ser muito mais avançada. Qualquer um dos problemas citados são resolvidos em alguns toques na tela de seu celular, um fórum ou vídeo no Youtube auxiliariam a quaisquer dúvidas que a eles fossem direcionadas.

Para ilustrar o debate polêmico que está em voga durante a pandemia entre a disseminação de notícias enganosas e a possível regulação de meios de comunicação, vou propor um exemplo, pois esse debate define as políticas públicas de combate ao vírus e logo, a vida de brasileiros.

Um pedreiro com anos de trabalho, decidiu criar um canal em que ele, com sua maestria demonstrada em anos de serviço profissional, ensinaria como resolver inúmeros problemas relacionados à construção civil no cotidiano familiar. Mas ao mesmo tempo, outro pedreiro iniciante também teve a mesma ideia, mas com a sua pouca experiência e desejo de atingir fama e conquistas pessoais, se dedica à vídeos com dicas de improvisação, mais fáceis de serem reproduzidas por seus seguidores, mas de baixa qualidade e duração.

Em alguns meses, com vídeos inicialmente para familiares e depois conhecidos e amigos, o pedreiro experiente, agora desempregado, viu que o retorno dos vídeos não lhe garantiria sustento para a sua família, ele então desiste e passa a viver de trabalhos informais. Já o iniciante, aprende a lidar com os algoritmos da plataforma de vídeo e lança vídeos cada vez mais chamativos e menos instrutivos. Ele passa a viver daquilo, conhece outras pessoas que chegaram ali com as mesmas atitudes e montam algum tipo de associação para aumentarem a visibilidade do grupo.

Isso resume a nossa "Política" atualmente.

O pedreiro experiente seria um professor de sociologia brasileira, que ao tentar explicar como o livro "Raízes do Brasil", do historiador Sérgio Buarque de Holanda, foi uma das obras dos anos 30 a tratar a sociedade brasileira com o único sentido de criar uma visão culturalista e negar o racismo vigente à época, desistiria do canal por não ter audiência.

O pedreiro iniciante é aquele rapaz sem formação alguma, novo e inexperiente, que faria vídeos elaborados explicando como o "globalismo" estaria "usurpando" o poder em vários países, "alienando" as crianças nas escolas e levando o "terror comunista" para a sociedade. Esse ganharia milhares de seguidores e visualizações, venderia livros com revisionismos históricos para lucrar ainda mais e entraria em grupos de pessoas que também "saíram da caixinha" e com o uso de notícias falsas e disparo de mensagens em massa, ajudaria na campanha presidencial de um candidato fascista.

Modernidade Líquida

Escrito pelo famoso filósofo polonês Zygmunt Bauman, o livro "Modernidade Líquida" descreve sua teoria de que após a Segunda Guerra e principalmente os anos 60, a humanidade entrara em uma nova época em que as relações sociais, econômicas e de produção são frágeis, fugazes e maleáveis, como os líquidos.[2]

A modernidade sólida era caracterizada pela rigidez e solidificação das relações humanas, das relações sociais, da ciência e do pensamento. A busca pela verdade era um compromisso sério para os pensadores da modernidade sólida. As relações sociais e familiares eram rígidas e duradouras, e o que se queria era um cuidado com a tradição. Apesar dos aspectos negativos reconhecidos por Bauman da modernidade sólida, o aspecto positivo era a confiança na rigidez das instituições e na solidificação das relações humanas.[2]

Pois bem, é justamente em 2016 em que a Modernidade Líquida se mescla com a Pós-verdade. A eleição de Donald Trump à presidência da maior economia do planeta representa muito bem como mentiras, acusações infundadas e o controle indireto que as mídias possuem sobre a população afetam os rumos da história.

Os fatos mostram como o uso do Facebook por propaganda política pode ter sido o principal palanque de Trump. Eis o argumento principal: 156 milhões de americanos têm contas no Facebook e, de acordo com pesquisas, pelo menos dois terços deles usam a rede social como fonte primária de notícias.[3]

A confiança na imprensa tradicional decai ano após ano no Brasil e nos EUA, canais extremistas no Youtube ganham muito mais relevância do que os demais, principalmente em período eleitoral.[4]

O uso de algoritmos para selecionar possíveis eleitores ganhou o mundo depois da eleição de 2016 no Governo Norte-americano, dois anos depois, o mesmo ocorreu aqui no Brasil com Jair Bolsonaro. A forma como as grandes empresas de tecnologia coletam dados dos seus consumidores diariamente, criando grandes bancos de informações, se bem utilizadas, podem definir seus gostos, escolhas e até personalidade.[5]

É nesse ponto que o Facebook cumpriu muito bem seu papel. Com toda essa base de dados sobre todos os americanos, restou fazer o leilão de quem pagaria por publicidades políticas direcionadas especificamente para eleitores ainda indecisos.

No Brasil não foi muito diferente. Em 2018, meses antes das eleições, canais de extrema-direita eram os mais vistos na internet. Vídeos com ofensas a políticos e partidos eram comuns, com ideais armamentistas, pró-Estados Unidos, com teor racista, sexista, xenofóbico e muitos outros tipos de afronta à quem não correspondia com tudo isso. Mas a principal arma nesses recintos continua sendo até hoje as chamadas "fake news", que principalmente pelo WhatsApp, por possuir pouca regulação, distribui diariamente milhares de mensagens a milhões de brasileiros. Com inverdades, orienta o raciocínio dessas pessoas e elimina quase totalmente o pensamento crítico, levando o país para o buraco da polarização, da Modernidade Líquida. A desumanização das mortes é uma das faces da pós-verdade durante a pandemia, transformando a caótica situação em estatística manipulada e a verdade em detalhe.

"Morre mais gente de câncer, de infarto, de acidente, de homicídio, de diabetes, de Aids e de topada, do que da tal Covid-19. Logo, o vírus é só uma gripezinha".

Ao final da primeira semana de julho, perto do lançamento desse livro, o Presidente Jair Bolsonaro afirmou ter contraído o vírus. Não demorou muito e na mesma coletiva aplicou a narrativa falaciosa de um medicamento sem eficácia comprovada, contribuindo com a desinformação que já exterminou quase setenta mil vidas na nossa nação. Assim, o fatídico ano de 2020 começou e transcorre sem evidências de uma possível melhora. E junto com o ano, o vírus. E ele não trabalha apenas em dia útil.

EDUCAÇÃO EM CASA?

O triste histórico brasileiro no que toca à educação, é demonstrado nos exames internacionais que, sempre revelam a horrível posição do país em comparação aos demais examinados. A avaliação do PISA, Programa Internacional de Avaliação de Alunos, com 61 países em 2009, coloca o país na 49º posição, atrás de países como Trinidad e Tobago e Tailândia.[1] Com 65 participantes em 2012 o Brasil ficou em 55º.[1]

Em um olhar mais profundo e histórico, sabemos o quão deficiente o ensino é no Brasil, um método antiquado até mesmo para o século passado, uma educação autoritária, hierárquica, elitista e baseada mais na memorização do que no conhecimento empírico, que remete ao ensino jesuíta europeu colonizador, que por

200 anos no nosso país, teve a única e exclusiva intenção de catequizar e profetizar a fé cristã entre os povos originários.[2]

Apesar dos pesares, a terra tupiniquim sempre formou grandes intelectuais. O terceiro teórico mais citado em trabalhos acadêmicos no mundo, Paulo Freire, nascido em Recife, elaborou o método da educação libertadora. O nordestino se tornou referência em educação para o Brasil nos anos 50/60, foi convidado para preparar o Plano Nacional de Alfabetização, no governo João Goulart, que previa a formação de educadores em massa. O Golpe Militar, porém, interrompeu o plano e expulsou Freire do país. Exilado, escreveu vários livros sobre pedagogia. Seu método propõe criar uma consciência, como o próprio nome diz, libertadora no indivíduo, com o propósito de revolucionar a sociedade. "Assim, o letrado pode transcender a simples esfera do conhecimento de regras, métodos e linguagens, e ser então inserido na esfera socioeconômica e política da qual fora excluído".[3]

O legado da Pandemia

É bonito então, olharmos para o passado recente, em que políticas de distribuição de renda familiar permitiram que crianças deixassem as lavouras e tivessem a oportunidade que gerações não tiveram, de participar ativamente do ambiente escolar em tempo integral. Mas como nem tudo são flores, percebemos que nunca um plano nacional de educação foi posto em prática, surgindo acusações de clientelismo por parte de críticos ao governo petista. E então, a educação já em maus bocados, vê a crise política e econômica se aprofundar a partir de 2014. As escolas privadas perdem alunos para as públicas e o ensino permanece estagnado. Vem o golpe em 2016. E junto com ele, o Vampiro, que sugaria de vez a vitalidade do sistema de ensino brasileiro com a PEC do Teto dos gastos públicos, limitando por 20 anos os investimentos em várias áreas. Entre elas, a mais importante de qualquer sociedade, a educação.

É nesse barco em que nós adentramos no vale obscuro do bolsonarismo em 2018, com a já citada pós-verdade. E como se já não bastasse o terror de como foi levada a pasta do MEC por radicais ideológicos sem nenhuma formação, com projetos de desmanche na área, retirada de recursos de Universidades Públicas, brigas no Twitter contra estudantes e a pérola "O Ministro da Educação estuda descentralizar investimento em faculdades de Filosofia e Sociologia (humanas). Alunos já matriculados não serão afetados. O objetivo é focar em áreas que gerem retorno imediato ao contribuinte, como: veterinária, engenharia e medicina", surge então, o distanciamento social e a necessidade do ensino à distância.

Por poucos meses, a indicação olavista para a Educação foi Ricardo Vélez, que por loucuras e polêmicas, como hino nas escolas e revisionismos em livros escolares, foi substituído por outra indicação do campo ideológico do governo, Abraham Weintraub. Esse durou mais de um ano, mas pelos mesmos motivos e muitos outros foi substituído e se encontra foragido em outro país, inclusive chegou a ofender Ministros do STF e a própria Constituição. Em seguida, uma indicação da ala militar, Carlos Decotelli, que não chegou a tomar posse, por controvérsias em relação a seu currículo e acusações de plágio em seu mestrado. Surgiu então, o nome de Renato Feder, que logo foi declinado, para a pasta. Um "sócio da Multi-laser" que já chegou a defender a extinção do Ministério da Educação e a privatização de todo o ensino público.[4]

Foi apenas na metade de julho que o novo ministro foi escolhido e tomou posse, o Pastor Milton Ribeiro, que já defendeu violência física contra crianças como método de ensino e em seu discurso de cerimônia afirmou "compromisso com Estado laico". Mais um sem nenhum projeto verdadeiro e com intenções indignas.[5]

Nesse meio tempo, a metade de 2020 passou e, além da falta de aulas presenciais que afeta a maioria dos estudantes do mundo, os brasileiros também têm que lidar com a incompetência dos dirigentes em Brasília, que no mesmo estilo de resposta na saúde pública, se omitem em tomar a frente em projetos e atividades que tentem disponibilizar o mínimo de qualidade em aulas virtuais.

Não há sequer preocupação com a distribuição geográfica e a condição econômica de alunos, que por condições degradantes impostas pelo Estado, não tem condição ao menos de acesso à internet.[6][7]

Há um bom tempo já se discute a ideia do "homeschooling" no mundo, o ensino em casa, feito pelos pais da criança/adolescente. Mesmo com muitos debates sobre a questão psicológica e social que em muito afetam o desenvolvimento do jovem, pode ser uma das medidas adotadas em alguns países.[8]

No Brasil, sem a regulação normal que já deveria ocorrer no pré-pandemia, são quase ausentes as mudanças pedagógicas necessárias por parte dos Estados e Municípios, restando à Diretores e Professores conscientes, o trabalho de ensinar e ao mesmo tempo inovar.

Com o vírus ainda em circulação e a falta de perspectiva de retorno à normalidade, o estudante ainda sofrerá bastante. Pois se nem em escolher uma data para o ENEM, o Governo é capaz de se achar, não acho que medidas para o ensino à distância ou para elevar o Brasil em rankings internacionais serão debatidas no futuro próximo.

Piorando assim, ainda mais, o trato com a sociedade. Produzindo uma "fuga de cérebros" pela falta de oportunidades e mais uma geração sem o pensamento crítico e libertador de Freire, propensos a pensamentos autoritários.

Como disse uma vez Darcy Ribeiro: "A crise da educação no Brasil não é uma crise; é um projeto."

37

CONSERVADOR NOS COSTU-MES E LIBERAL NA PANDEMIA

Com uma narrativa simplista que sequestrou pautas importantes e demandas legítimas como as questões da insegurança pública e econômica e de uma possível "moralidade anticorrupção", Bolsonaro se agarrou ao discurso liberal de Paulo Guedes para contribuir com o discurso de que a estatização petista cooperava com os escândalos de corrupção política, com dívidas públicas cada vez maiores e a consequente crise econômica que tirava empregos e direitos da população, aumentando a violência urbana e as redes de influência das organizações criminosas como o PCC e o Comando Vermelho.

Claramente, mais uma vez a pós-verdade foi posta em prática, com a ajuda de blogueiros ideológicos, seus filhos e as redes de fakenews nas redes sociais por eles controladas. Chamando o economista de "Posto Ipiranga" muitas vezes durante a campanha por não ter nenhuma noção e capacidade para sequer entender os conceitos básicos de economia, o já eleito Presidente da República continua envolto em devaneios propositais que tentam explicar como a crise econômica causada pelo vírus, na verdade é de total "responsabilidade de Governadores e Prefeitos". Se isentando assim, de suas omissões desde o início da pandemia.

Com medidas antecipadas, um preparo para uma resposta rápida e eficaz como em outros países que combateram brilhantemente o vírus, o Brasil poderia hoje, estar procurando formas de reabrir a economia e tentar descobrir o futuro do emprego e das aulas à distância com o uso da tecnologia. Esse é o caso da Nova Zelândia hoje, que por apenas tomar atitudes recomendadas pela OMS, não tem mais o problema do resto do mundo.

Mas eis que o discurso econômico infundado de Jair e de Guedes entra em ação.

Pautado em um ultraliberalismo retrógrado que ignora o fato de vivermos em uma das nações mais desiguais do planeta, Guedes defende privatizações de estatais, concessões, reformas e mais reformas com o objetivo de diminuir a dívida pública.[1]

Uma narrativa quase reacionária que deixa de lado os reais problemas históricos dessa nação latino-americana, como a educação, visando o lucro e o benefício apenas de empresas e elites.

Nesse contexto que o chamado "auxílio emergencial" é proposto pelo Legislativo, como uma forma de proteger a subsistência de metade da população e conter os danos econômicos do isolamento social e a consequente parada da economia. Baseou-se em ações de vários outros Estados pelo mundo, como os EUA, que com um pacote de trilhões de dólares, entrega mil e duzentos dólares aos cidadãos americanos, cerca de seis mil e quinhentos reais.[2] No Brasil, apresentado inicialmente por Guedes no valor de duzentos reais, a pressão no Congresso pela oposição triplicou o valor.

Antes de tudo, resgato aqui a ideia de que nada disso seria preciso se o certo fosse feito ainda em janeiro, com o Gabinete de Crise controlando todos os aeroportos e fronteiras, testagens em massa de casos suspeitos e a recomendação de isolamento no dia em que foi contatado o primeiro caso no final de fevereiro. A partir disso seriam feitos rastreios para identificar familiares possivelmente contaminados dos primeiros casos e campanhas do Governo na mídia instruindo as massas sobre a prevenção e o cuidado necessários para conter a disseminação do vírus. Quando então, a contaminação se tornasse comunitária, quando não há mais como localizar os casos, aí então seria feito um 'lockdown' localizado. Nesse caso, agora quando escrevo, meados de julho, teríamos algumas dezenas ou centenas de milhares de casos, e não mais de dois milhões. Evitando assim, milhares de mortes.

Voltando à realidade, vemos que nada disso foi feito. O Presidente continua se eximindo da culpa, jogando-a para Governadores e Prefeitos e incentivando aglomerações nas ruas.

O "coronavoucher", como passa a ser chamado o auxílio por alguns, começou a ser distribuído para milhões de brasileiros, que agora não tem renda fixa.[3]

Foi necessário apenas algum tempo para que fraudes fossem descobertas, como milhares de militares recebendo o auxílio enquanto o governo dizia que ficaria insustentável por muito tempo, por ser um "gasto grandioso para os cofres públicos". Delimitou-se uma data de três meses, que para o governo, seria o tempo suficiente para que o vírus "contaminasse toda a população" e logo em seguida, acabasse o problema e a economia voltasse a normalidade.[4]

É óbvio que isso não ocorreu. Vendo essa situação e sofrendo mais pressão como nunca, o Presidente e sua base ideológica então criam fissuras midiáticas para mover a opinião pública para outros debates. A questão com Sergio Moro e com Wilson Witzel são bons exemplos disso. Dessa forma, o vírus por tempos intercalados foi e é tratado com menos importância.

É claro que o discurso dos "cofres públicos" não colaria e mais dois meses de auxílio foram confirmado pela pressão feita pela sociedade civil e pela oposição.

A teoria irracional de que a "economia não pode parar" é mais uma das medidas usadas pelo governo para incentivar que a população vá às ruas, se contamine e acabe de vez com o problema do distanciamento social, que afeta a economia já fracassada por Guedes e Bolsonaro no pré-pandemia.[5]

Tudo com o propósito de evitar a perda de apoio político e econômico das elites, como de empresários e grandes latifundiários.[6]

Nesse contexto de negação da ciência e de total ignorância em relação aos mortos causados não mais pelo vírus, mas pelo próprio Estado, por serem mortes evitáveis, o Governo Bolsonaro então intensifica a guerra ideológica e autoritária com os demais Poderes. Com a perda de cinco ministros em três meses de pandemia, a discussão sobre o autoritarismo bolsonarista aumenta. Manifestações antidemocráticas tornam-se banais em Brasília e investigações da Polícia Federal e do Supremo Tribunal Federal começam a chegar perto do clã presidencial e prender blogueiros bolsonaristas. Fabrício Queiroz é preso e uma possível delação torna-se provável. O cerco se fecha, mas a escalada autoritária fascista está maior do que nunca na história do país.

O Golpe civil-militar de 1964 teve o apoio de boa parte da sociedade civil, da Igreja Católica, dos cinco maiores jornais do país, da Rede

Globo e de alguns Governadores. Foi um golpe no contexto da Guerra Fria, em que todas as democracias da América Latina se tornaram ditaduras com a influência do bloco ocidental e principalmente dos Estados Unidos. O medo do "comunismo" pairava no ar e a qualquer momento uma guerra nuclear poderia ocorrer entre as superpotências do então mundo bipolar.

Mas estamos no século XXI, o Muro de Berlim foi derrubado, o atrapalhado Gorbachev separou de vez as Repúblicas Socialistas Soviéticas e os únicos regimes ditos comunistas atualmente quase não tem relevância na geopolítica. A China talvez seja mais capitalista que o Brasil, e não pretende dominar o mundo da forma que os lunáticos fascistas no poder em Brasília acreditam, e sim com o controle de dados, informações e da tecnologia. Da mesma forma que os americanos fazem há anos no Ocidente. Mas isso é assunto para outro livro.

ESTADO, SEU PESO INCOMO-
DA MUITA GENTE

Seguindo o raciocínio anterior, entende-se o motivo do governo federal não estar usando plenamente os equipamentos e estratégias públicas da saúde para evitar o alastramento da contaminação.[1] Ao acatar recomendações de um órgão de saúde mundial como a OMS com teor científico, o Presidente iria na contramão de suas posições claramente extremistas/fascistas. Entraria em contradição e consequentemente perderia apoio e seguidores. Mas novamente, o controle do pensar pelas mídias digitais tornou o contraditório aceitável. Uma novilíngua orwelliana. Só que não em relação a saúde pública, mas à distribuição de renda. Política sempre atacada pelo então Deputado Jair Bolsonaro.

Quem não tem cão, caça com bolsa família.

"Tudo o que acontece uma vez poderá nunca mais acontecer, mas tudo o que acontece duas vezes, certamente acontecerá uma terceira."

Essa famosa frase uma vez dita pelo "Alquimista", um dos personagens principais da ficção homônima de Paulo Coelho, pode revelar muitas nuances da política brasileira.

As políticas públicas de distribuição de renda no Brasil não começaram em 2003 com o bolsa família. Na verdade, esse debate existe no Brasil desde os anos 40 e o primeiro programa do tipo foi efetivamente implantado no Governo FHC, chamado de Rede de Proteção Social, de abrangência nacional, foi criado em 1995 e consistiu na junção de diferentes programas de cunho social que coordenam esforços voltados à assistência da classe brasileira mais carente.

O Bolsa Família baseou-se no Bolsa Escola, ideia proposta em 1986 e também implementada no Governo FHC, mas em 2001. O Programa Bolsa Família unificou e ampliou todos esses programas em um só. Com uma centralização no cadastro e na administração, conseguiu atingir milhões de família, aumentando o número de beneficiários ano após ano com resultados comprovados internacionalmente.[2][3]

Nessa conjuntura, se aplica o provérbio árabe utilizado por Coelho em seu livro.

Novamente um governo retoma medidas que obtiveram êxito, mas, ao invés de tratar como um projeto a longo prazo, se pauta em dividendos políticos.

Com algumas pessoas ainda conscientes enxergando o despreparo e a falta de racionalidade diante uma situação que não se vê a um século, o apoio ao governo decaiu desde março. O potencializador foram os ministros saindo abruptamente do governo, um após o outro. Nessa apreensão que Bolsonaro sofreu ao ver a sua base sendo sugada e aos poucos diminuindo, partiu para a contradição, como sempre, e buscou apoio na Câmara contra uma possível votação pelo impeachment. Entregou cargos do governo para o chamado "centrão", um grupo de partido sem uma orientação ideológica clara e projeto específico com relevância no Congresso. Justamente o oposto do que defendeu em sua campanha.

Foi nesse momento, de acentuação de crises, que algumas pesquisas começaram a revelar um aumento significativo de apoio ao governo em classes mais baixas, com menos renda e escolaridade, que estavam ganhando o auxílio emergencial e que nunca tinham ganho tanto dinheiro do governo de uma vez só.

Não deu outra, no mesmo instante o plano econômico do Governo Bolsonaro para o pós-pandemia seria a troca de nome do Bolsa Família para "Renda Brasil", um acréscimo de milhões de beneficiários e o aumento do valor do benefício para trezentos reais. Como justificativa, disse apenas que a diferença seria na condição do beneficiário, que agora "poderia trabalhar", pois no discurso governista, aqueles que gozam do Bolsa Família não entrariam no mercado formal por medo de perder o direito ao mesmo, resultando na "mamata", mais uma mentira de Bolsonaro.[4][5] Sem nenhuma pretensão de criar mais oportunidades de empregos para a população, o Governo se agarra ao "clientelismo" que sempre criticou, entrando mais uma vez em contradição.

Encerrado o pagamento do auxílio emergencial, o presidente pretende que no mês seguinte, em outubro, já entre em atividade o Renda Brasil. Para assim, dar uma boa sensação às classes mais baixas de que toda aquela ajuda financeira nos tempos difíceis foi graças ao Presidente do Executivo, e que talvez, a crítica da mídia e da oposição seja realmente uma busca de derrubar o Capitão e que quem sabe, seu governo não seja tão mal. Talvez aquelas mensagens do "zap" estivessem certas.[6]

RELIGIÃO, TRANSTORNOS DE ANSIEDADE E O DEPOIS

A Pandemia revelou os vírus mortíferos que habitam entre nós: a arrogância e a verdadeira faceta de charlatões. Ao ir contra medidas sanitárias que impeçam a circulação do vírus e apoiar discursos negacionistas, muitos governantes revelaram o descaso com que lidam com seus governados. No Brasil, diferenças de opiniões a respeito das medidas de isolamento expuseram inclusive rachas entre denominações cristãs. Pastores conhecidos que aderiram ao discurso governista foram muito criticados ao atacar o fechamento de igrejas. Mas esses são minorias barulhentas e sustentam-se nas bases ideológicas bolsonaristas.[1]

Com o início da circulação viral nos centros urbanos, logo houve o cancelamento dos cultos de várias religiões, o fechamento das escolas dominicais, e o cancelamento de peregrinações em torno de festas e festivais.

Muitas igrejas, sinagogas, mesquitas e templos ofereceram adoração através da transmissão ao vivo em meio à pandemia. Padres chegaram a celebrar missas com fotos de fiéis nos bancos das igrejas.[2]

A Psicologia da Religião estuda os fenômenos religiosos como fenômenos da cultura, constituintes do ser humano. Logo, examina o universo dos benefícios que ela traz ao Homem, o motivo de existir.

"Tendo a religião como uma expressão cultural que se caracteriza como um "laço entre o ser humano e o divino", e se a religiosidade nos diz que, "somos imagem e semelhança de Deus", a religião nos deve servir para melhorarmos nossa estimativa de futuro, sendo que temos algo superior que nos protege, melhorarmos nossos relacionamentos interpessoais, pois estamos lidando com nosso semelhante, e melhorarmos também nosso convívio social através do cumprimento dos preceitos morais, favorecendo o desenvolvimento de uma sociedade mais justa e igualitária."[3]

Partindo desse pressuposto, fica evidente o auxílio da Religião em mover a roda da sociedade. A tese do sociólogo alemão Max Weber acerca da influência religiosa no meio em que vivemos, atribui às crenças e valores religiosos um papel importante na conduta dos indivíduos em sociedade. Num dos seus livros mais proeminentes, "A Ética Protestante e o Espírito do Capitalismo", ele defende a tese de que a religião protestante exerceu uma poderosa influência no surgimento do modo de produção capitalista.[4]

No mundo ocidental capitalista, temos uma visão bem diferente do Oriente a respeito da vida em grupo e do destino de todos. A morte é tratada aqui como algo longínquo e transparente. Evitamos ao máximo o assunto, é um elefante na sala. Com a pandemia, a morte se tornou visível para a maioria daqueles que ainda tinham a oportunidade de virar a cara quando uma criança negra é morta dentro de casa em regiões periféricas do Rio de Janeiro. A Religião normalmente seria a base de apoio para boa parte dessas pessoas e das que já sofriam por outros motivos. Com a necessidade de isolamento, as reuniões religiosas cessaram de um dia para o outro e uma geração que nunca passou por isso, teve pela primeira vez que se trancar em casa e amargamente começar a sentir ansiedade pela falta, seja de estar junto em orações com outras pessoas, seja de receber conselhos de seu líder espiritual, seja receber um simples abraço de um irmão.

A morte agora é onipresente. Quase todos no Brasil já conhecem alguém vitimado ou escutaram sobre uma vítima conhecida da doença. A sensação de insegurança, de uma possível perda, de impotência e da falta de perspectiva somam-se ao isolamento, a falta de amparo psicológico e resultam em graves crises de ansiedade.[5]

Pesquisas mostram que os sintomas de ansiedade e depressão duplicaram no país em apenas um mês de quarentena. Há ainda aqueles que não tem escolha sobre isolamento pois não tem condições de praticar o "home office", o trabalho em casa. E por isso, expõe a si e a família conscientemente, acarretando em problemas psicológicos ainda piores do que os dos isolados.[6]

Mesmo com alternativas criadas por instituições religiosas como celebrações online, ou psicólogos que aderem ao atendimento por

celular/internet ou tentativas de praticar atividade física e manter rotinas em casa, as pessoas continuam expostas não ao vírus, mas à
falta de relações sociais físicas.

Talvez, essa nova geração seja a primeira a
possuir uma real mudança cultural, que afete
não só seus hábitos rotineiros como lavar as
mãos frequentemente ou o uso de máscaras,
mas até o nível religioso, empregatício, edu-
cacional e social.

Yuval Noah Harari, historiador e autor do
best-seller "Sapiens", traz a ideia do "Dataísmo" em seu livro "Homo Deus". Provindo da
palavra "dados", o Dataísmo seria a Religião
do futuro em que "o fluxo de informação" é o
"valor supremo".[7]

"Quando os sistemas de Big Data me conhe-
cerem melhor do que eu próprio me conheço,
os seres humanos perderão poder para os algoritmos." Harari prevê que a conclusão lógica deste processo é que os seres humanos
acabarão por dar aos algoritmos o poder para
tomarem as decisões mais importantes das
suas vidas, tais como com quem casar e que
carreira profissional escolher.[8]

O isolamento nos mostra a dependência que um simples vírus nos impele à tecnologia. As crianças no mundo já estão há seis meses aprendendo de casa, longe da convivência social imposta pela escola e naturalizando completamente o Online. Com a ascensão da coleta de dados dos indivíduos, a sociedade tende a depender mais e mais do Dataísmo. O século XXI pode muito bem ser o período em que não o terrorismo ou o neofascismo seja o maior medo dos cidadãos, mas das "teletelas" do clássico "1984" de George Orwell e de uma possível iminência do desaparecimento do livre arbítrio.

Certamente haverá uma mudança social significativa no decorrer dos próximos anos. Descobriremos o que o "Novo Normal" realmente representa. Ou não, depende do que o Google nos disser.

A IMPORTÂNCIA DA CIÊNCIA

A pós o início das notícias vindas da China
sobre o vírus, se tornou comum a preocupação da maioria das pessoas nas redes sociais
se aquela nova doença chegaria ao Brasil. No
Twitter, as pessoas debatiam sobre como se
comportariam diante tal ameaça, com referências a filmes e séries (principalmente de zum-
bis), elas mostravam em seus debates como a
falta de informações sobre algo reflete em seu
comportamento. Por ser um regime ditatorial e
censurador, a China abriu margens para questionamentos em todo o mundo. Seria aquela doença realmente real? Foi produzida em labora-
tório? Era só mais uma pneumonia ou tentavam
nos esconder algo mais?

Em seguida, vídeos começavam a aparecer no
feed e serem compartilhados aos milhares.
Eram cenas de câmeras de ruas que mostravam
pessoas paradas ou andando por ruas quaisquer

e de repente, caíam. Desmoronavam no chão por fraqueza ou desmaio. Outros mostravam pessoas caídas em corredores de hospitais e profissionais de saúde completamente cobertos de proteção andando para todos os lados.

Foi o necessário para que a maioria entrasse em um delírio coletivo, sustentando a ideia de que o tal vírus não era o que diziam, era extremamente mortal e apocalíptico como nos filmes. Fujam para as montanhas! Estoquem alimentos!

É claro que a esse nível a OMS já acompanhava a situação de perto e inclusive já haviam outros países com casos relatados. Mas, a desinformação já tinha se espalhado. Se hoje no Brasil ainda existem pessoas que fazem acusações infundadas sobre a origem do vírus para sustentar um discurso político, imaginem no início de fevereiro?

Outro momento parecido foi quando chegou a notícia de que a China construiria um hospital com mil leitos em apenas dez dia no local de epicentro da contaminação. Mais um motivo para o desespero irracional nas redes, de que toda a população mundial se infectaria e cenas como as de "The Walking Dead" seriam comuns, com pessoas saqueando mercados e protegendo suas casas e abrigos contra invasores. E é óbvio que nada disso aconteceu. Logo depois de todos os países do mundo possuírem casos confirmados, músicas lançadas ou casais recém separados voltaram a ser os temas centrais dos debates na internet.

Esse é um exemplo de que a falta do debate científico faz no âmago da sociedade, justamente o oposto do que inspiravam os precursores do iluminismo com o método científico.

Justificando o título do capítulo, regresso ao método científico de Descartes, que propôs chegar à verdade através da dúvida sistemática e da decomposição do problema em pequenas partes, características que definiram a base da pesquisa científica.

Resumidamente, o método científico foi o responsável pelas mudanças ocorridas na Revolução Científica do século XVI ao XVIII. Dentre seus principais nomes estão Galileu e Newton com questões filosóficas, físicas e astronômicas, Descartes com a lógica matemática, a geometria analítica e o famoso "Penso, logo existo" e Darwin com a Seleção Natural.

Ou seja, praticamente tudo o que vemos e usamos hoje em dia se deve ao pensar científico. Muitos não existiriam hoje se a mortalidade infantil fosse a mesma de século atrás, ou se vacinas nunca tivessem sido inventadas.

Nesse intuito, relaciono o baixo e quase nulo incremento de conhecimento nas populações à veloz disseminação de acesso à uma tecnologia até então desconhecida, a internet, como a principal razão da desinformação constante nas redes.

E é por isso que a democratização ao acesso ao conhecimento não deve ficar restritos a escolas e universidades, mas adentrar nos becos e vielas mais distantes. Uma integração das Universidades com as populações de seu entorno é vital para começarmos uma tentativa de instigar o pensamento crítico que tanto faz falta nessa pandemia.

Se em 2019 por exemplo, projetos em campo fossem feitos por alunos de Biologia da UFRJ com o sentido de conscientizar alguma comunidade da Baixada Fluminense no que toca à disseminação de doenças respiratórias, explicando o básico sobre vírus e bactérias, provavelmente, pessoas daquela região tenderiam a não acreditar e espalhar teorias da conspiração ou ao menos duvidariam de início, de notícias com teor não científico.

Instigar a dúvida científica, e não a conspiratória. Apenas assim daremos o primeiro passo para fugir do obscurantismo.

Ainda Tem Jeito

Você, caro leitor, pode estar aí se perguntando quando eu começarei a falar alguma novidade. Desde março, principalmente, nossa vida mudou e tudo o que vemos e escutamos se resume à pandemia. Desde o noticiário até o momento de comprar o pãozinho na padaria. A preocupação ocupou a primeira posição nos nossos pensamentos, mesmo já sendo um fator existente na vida de muitos brasileiros por questões de segurança pública, se acentuou ainda mais agora.

O que pretendo nesses textos é iniciar um debate, um questionamento sobre nossa realidade atual. Sobre sobrevivência, mas ao mesmo tempo sobre o motivo de existirmos e acordarmos todos os dias. Pelo que lutamos? Dinheiro? Família?

O pensamento capitalista da busca pela produtividade permanente nos induz ao estresse, e logo à ansiedade e problemas mais graves subsequentes.

"Mas tenho que estudar, o ENEM está chegando!", calma, nós estamos em um dos piores momentos que a humanidade já enfrentou. Todos estão no mesmo barco, agradeça por ainda estar vivo. Outro ano virá, provas e exames sempre existirão.

"Mas tenho que trabalhar para conseguir realizar o sonho de montar minha empresa ano que vem!". Calma, a economia global entrará em recessão por um bom tempo e nada do que você fizer aumentará seu capital significativamente.

"Mas há meses não encontro meus amigos, sou novo e posso ao menos algumas vezes encontrar-me com eles, agora que os bares finalmente reabriram!". Você estará pondo em risco de vida não só seus familiares, amigos e familiares de amigos, como toda uma sequência de possíveis infectados e óbitos que só se contaminaram pois você, um dia apenas, desrespeitou o isolamento.

"Mas não tenho condições de sustentar minha família com apenas o auxílio emergencial, tenho que sair para trabalhar!". Você é mais uma vítima da política eugenista do Estado. Use máscara, álcool, respeite as medidas de distanciamento e, se tiver, tenha fé.

"Mas não existe pandemia! É tudo uma armação globalista para os comunistas tomarem o poder!". Se depois de ter lido todo esse livro, continuar com esse pensamento, nada que eu diga o mudará. Apenas desejo-o boa sorte.

A todos os demais, calma, respirem. Governos passam, Pandemias passam. Mas atos e omissões persistem, e são lembrados por muito tempo.

REFERÊNCIAS

Introdução

[1] "Coronavírus: como foram controladas as epidemias de Sars e Mers (e no que elas se diferenciam da atual)" BBC, maio 2020. Disponível em:
https://www.bbc.com/portuguese/internacional-52815216

Saúde Pública

[1] "Sistema Único de Saúde (SUS): estrutura, princípios e como funciona" Ministério da Saúde. Consulta em julho 2020. Disponível em:
http://www.saude.gov.br/sistemaunicodesaude#:~:text=Sa%C3%BAde%20(SS%3F,O%20Sistema%20%C3%9Anico%20de%20Sa%C3%BAde%20(SUS)%20%C3%A9%20um%20dos%20maiores,toda%20a%20popula%C3%A7%C3%A3o%20do%20pa%C3%ADs.

[2] "Antes do SUS" Portal Drauzio Varella. Consulta em julho 2020. Disponível em:
https://drauziovarella.uol.com.br/saude-publica/antes-do-sus/
[3]"Brasil é mesmo único país com amplo sistema público e gratuito de saúde?" Poder 360. Outubro 2019. Disponível em:
https://www.poder360.com.br/midia/brasil-e-mesmo-unico-pais-com-amplo-sistema-publico-e-gratuito-de-saude/ [4] " 'O Brasil tem um dos melhores programas de HIV/aids do mundo', diz Drauzio Varella" Ministério da Saúde. Abril 2018. Disponível em: http://www.aids.gov.br/pt-br/noticias/o-brasil-tem-um-dos-melhores-programas-de-hivaids-do-mundo-diz-drauzio-varella
[5] "Defendida por Bolsonaro, cloroquina aumenta risco de morte em pacientes, diz estudo." Estadão. Maio 2020. Disponível em:
https://saude.estadao.com.br/noticias/geral,defendida-por-bolsonaro-cloroquina-aumenta-risco-de-morte-em-pacientes-diz-estudo,70003311202
[6] "Bolsonaro sanciona, com vetos, lei que obriga uso de máscaras em locais públicos pelo país" G1. Julho 2020. Disponível em:
https://g1.globo.com/politica/noticia/2020/07/03/bolsonaro-sanciona-com-vetos-lei-que-obriga-uso-de-mascaras-em-locais-publicos-pelo-pais.ghtml

Pós-verdade

[1] "Por que 'pós-verdade' foi a palavra do ano e o que ela diz sobre 2016?" UOL. Dezembro 2016. Disponível em:https://noticias.uol.com.br/politica/ultimas-noticias/2016/12/31/por-que-pos-verdade-foi-a-palavra-do-ano-e-o-que-ela-diz-sobre-2016.htm
[2] "Modernidade líquida" Mundo Educação. Consulta em julho 2020. Disponível em: https://mundoeducacao.uol.com.br/sociologia/modernidade-liquida.htm
[3] "Como o Facebook pode ter ajudado Trump a ganhar a eleição" BBC. Novembro 2016. Disponível em: https://www.bbc.com/portuguese/geral-37961917
[4] "CINCO DOS DEZ CANAIS QUE EXPLODIRAM NO RANKING DO YOUTUBE DURANTE AS ELEIÇÕES SÃO DE EXTREMA DIREITA" The Intercept. Agosto 2019. Disponível em: https://theintercept.com/2019/08/28/ranking-youtube-extrema-direita/
[5] "COMO O YOUTUBE SE TORNOU UM CELEIRO DA NOVA DIREITA RADICAL" The Intercept. Janeiro 2019. Disponível em: https://theintercept.com/2019/01/09/youtube-direita/

Educação em casa?

[1] "Programa Internacional de Avaliação de Alunos" Wikipédia. Consulta em julho 2020. Disponível em: https://pt.wikipedia.org/wiki/Programa_Internacional_de_Avalia%C3%A7%C3%A3o_de_Alunos

[2] "Especial do Folha na Sala fala sobre o primeiro professor do Brasil, que valorizava a rigidez" Podcast Folha na Sala. Junho 2020. Disponível em: https://www1.folha.uol.com.br/podcasts/2020/06/especial-do-folha-na-sala-fala-sobre-o-primeiro-professor-do-brasil-que-valorizava-a-rigidez.shtml

[3] "Método de Educação Libertadora" Info Escola. Consulta em Julho 2020. Disponível em: https://www.infoescola.com/pedagogia/metodo-de-educacao-libertadora/

[4] "Renato Feder já defendeu a extinção do MEC e privatização do ensino" Correio Braziliense. Julho 2020. Disponível em: https://www.correiobraziliense.com.br/app/noticia/politica/2020/07/03/interna_politica,869170/renato-feder-ja-defendeu-a-extincao-do-mec-e-privatizacao-do-ensino.shtml [5] "Novo ministro da Educação promete buscar 'grande diálogo' com acadêmicos e educadores" G1. Julho 2020. Disponível em: https://g1.globo.com/educacao/noticia/2020/07/16/novo-ministro-da-educacao-

promete-grande-dialogo-com-academicos-e-
edu-cadores.ghtml

[6] "Brasil tem 4,8 milhões de crianças e adoles-
centes sem internet em casa" Agência Brasil. Maio
2020. Disponível em: https://agenciabra-
sil.ebc.com.br/educacao/noticia/2020-05/brasil-
tem-48-milhoes-de-criancas-e-adolescentes-sem-
internet-em-casa

[7] "Sem internet, merenda e lugar para estudar:
veja obstáculos do ensino à distância na rede pública durante a pandemia de Covid-19" G1. Maio
2020. Disponível em: https://g1.globo.com/educa-
cao/noticia/2020/05/05/sem-internet-merenda-e-
lugar-para-estudar-veja-obstaculos-do-ensino-a-
distancia-na-rede-publica-durante-a-pandemia-de-
covid-19.ghtml

[8] "Homeschooling contradiz a escola como es-
paço de formação cidadã" Centro de Referências em
Educação Integral. Setembro 2018. Disponível
em: https://educacaointegral.org.br/re-
portagens/homeschooling-contradiz-escola-como-
espaco-formacao-cidada/

Conservador nos Costumes e Liberal na Pandemia

[1]   "O que pensa Paulo Guedes, o cérebro econômico de Jair Bolsonaro" Exame. Maio 2018.
Disponível em: https://exame.com/brasil/o-que-

pensa-paulo-guedes-o-cerebro-economico-de-jair-bolsonaro/

[2] "Americanos começam a receber depósitos com auxílio emergencial de US$ 1.200" Globo. Abril 2020. Disponível em: https://oglobo.globo.com/economia/americanos-comecam-receber-depositos-com-auxilio-emer-gencial-de-us-1200-24366394

[3] "Coronavoucher será estendido com valor menor, diz Bolsonaro" Terra. Maio 2020. Disponível em: https://www.terra.com.br/econo-mia/coronavoucher-sera-estendido-com-valor-menor-diz-bolso-naro,cee9e66d7ecc6cbe6b4bbf742fd28c91ka9ndlx7.html

[4] "Vírus vai atingir 70% da população, diz Bolsonaro" Agência Brasil. Abril 2020. Disponível em: https://agenciabrasil.ebc.com.br/politica/no-ticia/2020-04/virus-vai-atingir-70-da-populacao-diz-bolsonaro

[5] "Guedes reconhece que economia podia estar em 'estado meio anêmico' antes da pandemia" Folha. Maio 2020. Disponível em: https://www1.folha.uol.com.br/mer-cado/2020/05/guedes-reconhece-que-economia-podia-estar-em-estado-meio-anemico-antes-da-pandemia.shtml

[6] " 'Economia não pode parar', diz Bolsonaro ao setor produtivo brasileiro" Planalto. Março 2020. Disponível em: https://www.gov.br/planalto/pt-

br/acompanhe-o-planalto/noticias/2020/03/econo-
mia-nao-pode-parar-diz-bolsonaro-ao-setor-
produtivo-brasileiro

Estado, seu Peso Incomoda Muita Gente

[1] "Covid-19: economia e tamanho do estado é
tema de debate sobre o futuro" Correio
Braziliense. Maio 2020. Disponível em:
https://www.correiobraziliense.com.br/app/no-
ticia/economia/2020/05/14/internas_econo-
mia,854800/covid-19-economia-e-tamanho-do-
estado-e-tema-de-debate-sobre-o-futuro.shtml
[2] "Bolsa Família" Wikipédia. Consulta em julho
2020. Disponível em: https://pt.wikipe-
dia.org/wiki/Bolsa_Fam%C3%ADlia#cite_note-
BBC-9
[3] "Bolsa Família pode diminuir impacto da crise, diz OIT" BBC. Março 2009. Disponível em:
https://www.bbc.com/portuguese/ser-
vicos/2009/03/090318_bolsafamiliaoitad.shtml
[4] "Renda Brasil: Veja quem vai poder receber os
R$ 300 do novo programa" Jornal Contábil. Julho
2020. Disponível em: https://www.jornalconta-
bil.com.br/renda-brasil-veja-quem-vai-poder-
receber-os-r-300-do-novo-programa/
[5] "Beneficiários do Bolsa Família podem trabalhar com carteira assinada" Ministério da Cida-
dania. Setembro 2014. Disponível em:

http://mds.gov.br/area-de-imprensa/no-ticias/2014/setembro/beneficiarios-do-bolsa-fa-milia-podem-trabalhar-com-carteira-assinada
[6] "Programa Renda Brasil pode ser criado em outubro para suceder o auxílio emergencial" G1. Junho 2020. Disponível em: https://g1.globo.com/politica/blog/valdo-cruz/post/2020/06/24/programa-renda-brasil-pode-ser-criado-em-outubro-para-substituir-o-bolsa-familia.ghtml

Religião, Transtornos de Ansiedade e o Depois

[1] "Como a crise do coronavírus expõe racha en-tre evangélicos no Brasil" BBC. Abril 2020. Dis-ponível em: https://www.bbc.com/portu-guese/brasil-52313890
[2] "Curitiba: Padre celebra missa com fotos de fiéis em bancos de igreja vazia" UOL. Março 2020. Disponível em: https://no-ticias.uol.com.br/cotidiano/ultimas-no-ticias/2020/03/20/curitiba-padre-celebra-missa-com-fotos-de-fieis-em-bancosde-igreja-vazia.htm
[3] "EDIVALDO TAGLIARI: A religião na vida da sociedade" Nogueirense. Janeiro 2014. Dis-ponível em: https://nogueirense.com.br/a-religiao-na-vida-da-sociedade/?guia-search=doces
[4] "Religião - O papel que as crenças religiosas desempenham na vida social." UOL. Consulta em

julho 2020. Disponível em: https://educa-cao.uol.com.br/disciplinas/sociologia/religiao-o-papel-que-as-crencas-religiosas-desempenham-na-vida-social.htm

[5] "Estudo indica aumento em casos de depressão durante pandemia" CNN. Maio 2020. Disponível em: https://www.cnnbra-sil.com.br/saude/2020/05/09/estudo-indica-au-mento-em-casos-de-depressao-durante-iso-lamento-social

[6] "Como o isolamento social impacta quem sofre com ansiedade ou depressão" Galileu. Junho 2020. Disponível em: https://revistagali-leu.globo.com/Sociedade/Comportamento/no-ticia/2020/06/como-o-isolamento-social-impacta-quem-sofre-com-ansiedade-ou-depressao.html

[7] "Sinapse #33 - A Religião do Século 21" Pod-cast Sinapse. Fevereiro 2020. Disponível em: https://anchor.fm/sinapse/episodes/Sinapse-33---A-Religio-do-Sculo-21-eb4av7

[8] "Dataísmo" Wikipédia e livro "Homo Deus". Consulta em julho 2020. Disponível em: https://pt.wikipedia.org/wiki/Data%C3%ADsmo

SOBRE O AUTOR

Renato Mendes Ferreira nasceu em 4 de dezembro de 2001 em Duque de Caxias, Rio de Janeiro. Filho de Adriana Carvalho Mendes Ferreira e Luis Gonçalves Ferreira, já morou em três cidades, dois estados e duas regiões do Brasil. Entre regiões metropolitanas à outras rurais e interioranas, conheceu culturas e valores diferentes que coexistem no país.

Cursando Ciência da Computação, espera a ascensão dos Dados no meio tecnológico como forma de atenuar desigualdades com entusiasmo.